Das Antlitz des Führers

Herausgeber

Profeſſor Heinrich Hoffmann

Reichsbildberichterſtatter der NSDAP.

Geleitwort

Baldur von Schirach

BÜCHERGILDE GUTENBERG / BERLIN

THE FACE OF THE FÜHRER

PUBLISHER
PROFESSOR HEINRICH HOFFMANN

NATIONAL PHOTOGRAPHER OF THE N.S.D.A.P

FOREWORD

BALDUR VON SCHIRACH: ZUM GELEIT

Welcher Deutſche könnte dieſe Bildniſſe anders als
mit tiefer Ergriffenheit betrachten! Spiegelt doch
das Antlitz des Führers unſer aller Leben wider,
wie es ſich aus der Tiefe des deutſchen Zuſammen=
bruchs durch Not, Kampf und Arbeit zur Höhe
dieſer Zeit erhob . . .

Wenn wir in dieſen, uns ſo teuren Zügen leſen, er=
fahren wir von Sorgen und Entſchlüſſen, die unſerem
Daſein gelten, und bewegt und beſchämt erkennen
wir das Geſicht eines Menſchen, der nie an ſich ſelbſt
denken mochte.

Es iſt dieſer ſelbſtloſe, ausſchließliche Gedanke an
Deutſchland, der hier das deutſche Antlitz ſchlecht=
hin prägte, ſo daß ſich in Zukunft kein Deutſcher
ſeiner Heimat wird erinnern können, ohne das Ge=
ſicht des Führers vor ſich zu ſehen. Wir wollen hier

INTRODUCTION

WHAT GERMAN COULD LOOK AT THESE PORTRAITS OTHER
THAN WITH DEEP EMOTION! AFTER ALL, THE FACE OF THE
FÜHRER REFLECTS THE LIFE OF ALL OF US AS IT ROSE FROM
THE DEPTHS OF THE GERMAN COLLAPSE THROUGH HARDSHIP,
STRUGGLE AND WORK IN THE HIGHT OF THAT TIME.

WHEN WE ALLOW OURSELVES TO BE DRAWN INTO THESE
PICTURES, WE LEARN OF WORRIES AND BURDENS, WHICH TELL
ON HIS FACE, AND MOVED AND ASHAMED WE RECOGNISE THE
FACE OF A PERSON WHO NEVER WANTED TO THINK OF
HIMSELF.

IT IS THIS SELF-SACRIFICE, EXCLUSIVELY THINKING OF
GERMANY THAT PAGINATED THE GERMAN FACE PAR EXCEL-
LENCE, SO THAT IN FUTURE NO GERMAN WILL BE ABLE TO
REMEMBER HIS HOMELAND WITHOUT SEEING THE FÜHRER'S
FACE IN FRONT OF HIM.

nicht mit Worten beschreiben, was sich nur mit dem Herzen erleben läßt! Wer die Seiten dieses Buches umblättert, wird vom Bild des aus dem Weltkrieg heimgekehrten Soldaten bis zum Porträt des Reichs=schöpfers, der die Sehnsucht eines Jahrtausends über=reich erfüllte, den Griffel Gottes wahrnehmen, wie er ein einzelnes Menschenantlitz mit geheimnis=vollen Strichen zum erhabenen Symbol eines gan=zen Volkes gestaltete. Und wird in Treue, Pflicht=erfüllung und Gehorsam versuchen, dieses Führers wert zu sein.

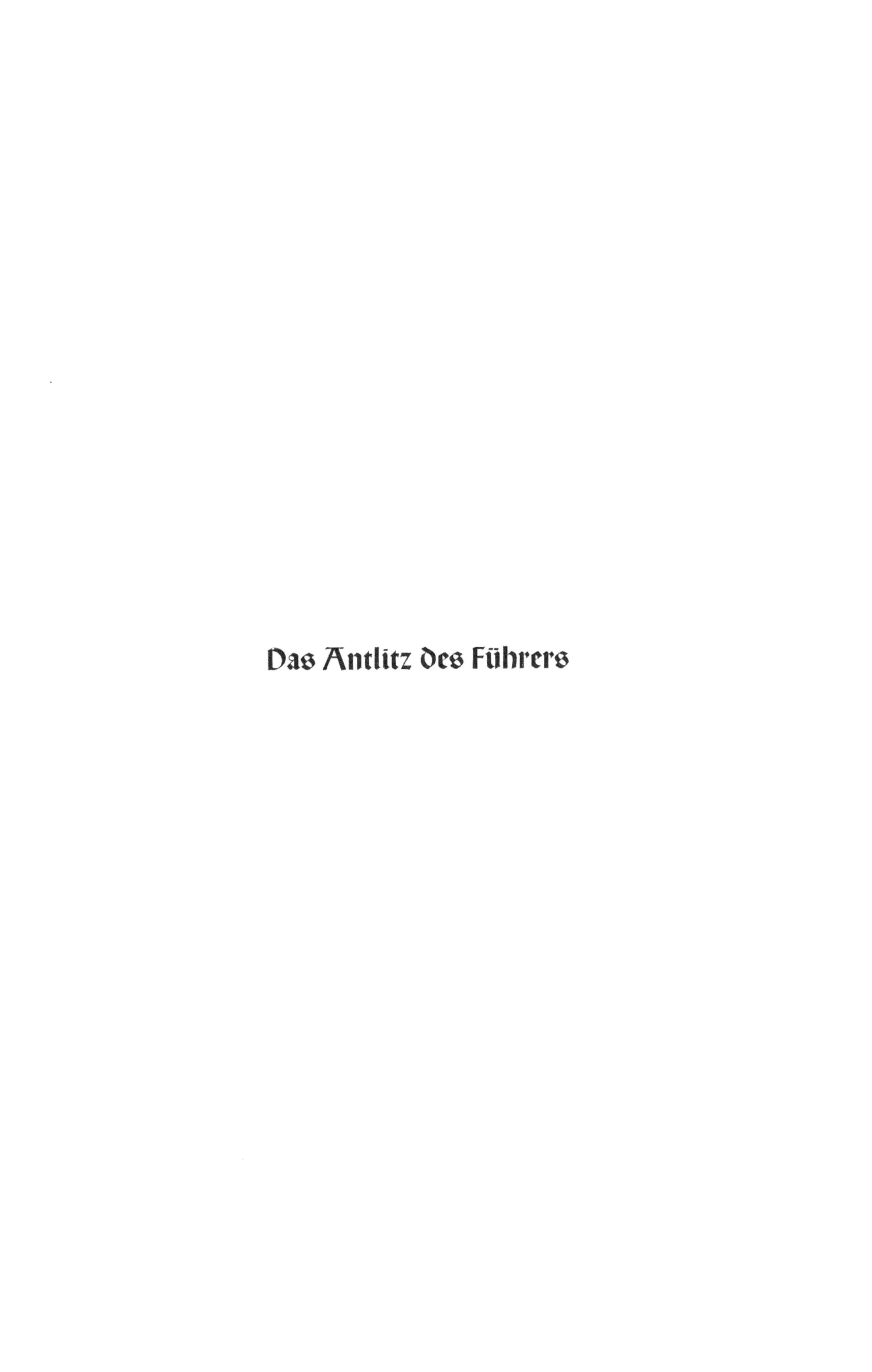

Das Antlitz des Führers

1919

Im Jahre der tiefften deutfchen Erniedrigung, im Jahre des Bürgerkriegs und der Weimarer Nationalverfammlung, verliert Deutfchland durch das Diktat von Verfailles Freiheit und Ehre zugleich. In diefem Jahr der Verzweiflung faßt der unbekannte Soldat der grauen Front den Entfchluß, aus eigener Kraft das deutfche Schickfal zu wenden.
Ein Mann erhebt fich gegen die Welt . . .

1919

In the year of the deepest German humiliation in the year of the civil war and the Weimar national assembly, Germany loses both freedom and honour at the same time through the diktat of Versailles. In this year of despair, the unknown soldier of the gray front decides to turn the German fate around on his own. A man rises against the world...

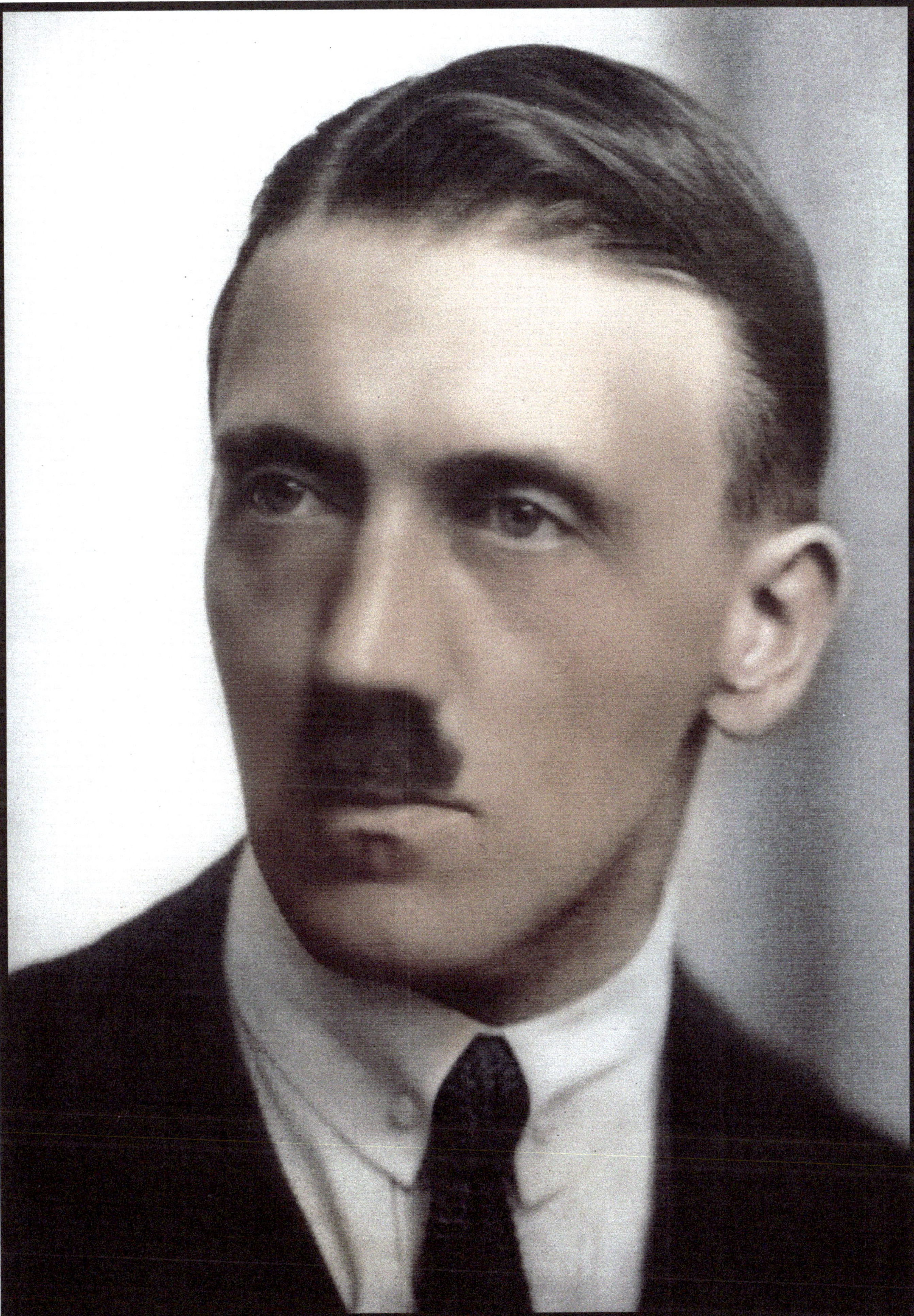

1923

Zwifchen dem „Deutfchen Tag'' in Nürnberg und dem 9. November an der Feldherrnhalle…
Die Heerfchau der Getreuen liegt hinter ihm – vor ihm: die Tat!

1923

Between the "German Day" in Nuremberg and the 9th of November at the Feldherrnhalle
...The parade of the faithful lies behind him - in front of him: the Deed!

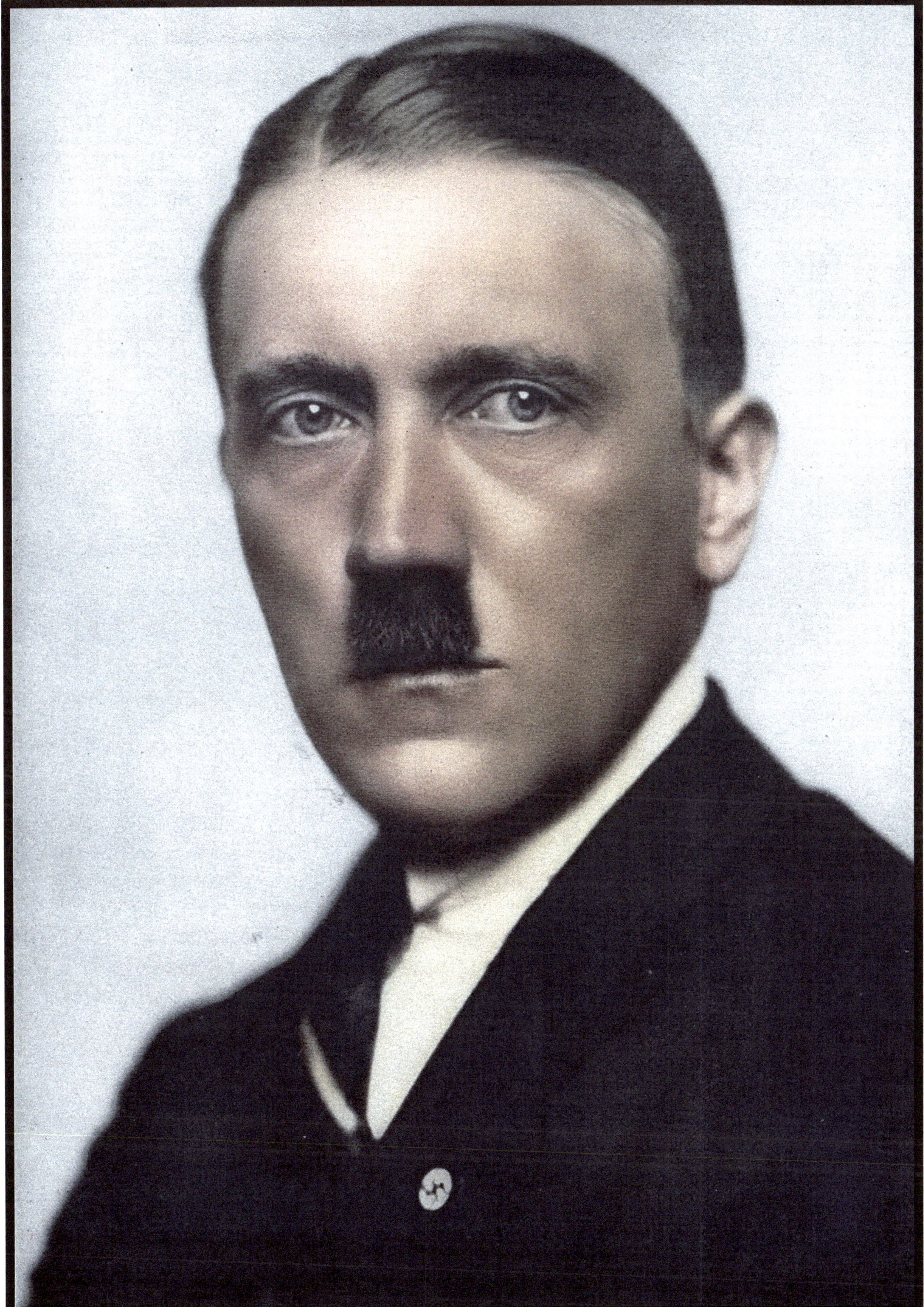

1926

Nach dem Zulammenbruch der Bewegung und nach leiner Landsberger Feltungszeit hat der Führer leine Bewegung neugegründet. Prüfend blickt er auf die alten und neuen Kämpfer leines Glaubens, die am Reichsparteitag zu Weimar an ihm vorbeimarlchieren. Führer und Gefolglchaft erfüllt das gleiche Glück: die NSDAP. ilt wiederauferltanden, leidgeläutert . . .

1926

After the collapse of the Movement and after his imprisonment in the Landsberg prison, the Führer re-launches the Movement. He looks at the old and new fighters of his faith who march past him at the National Party Rally in Weimar. Führer and followers share the same aim: the N.S.DA.P. has risen again.

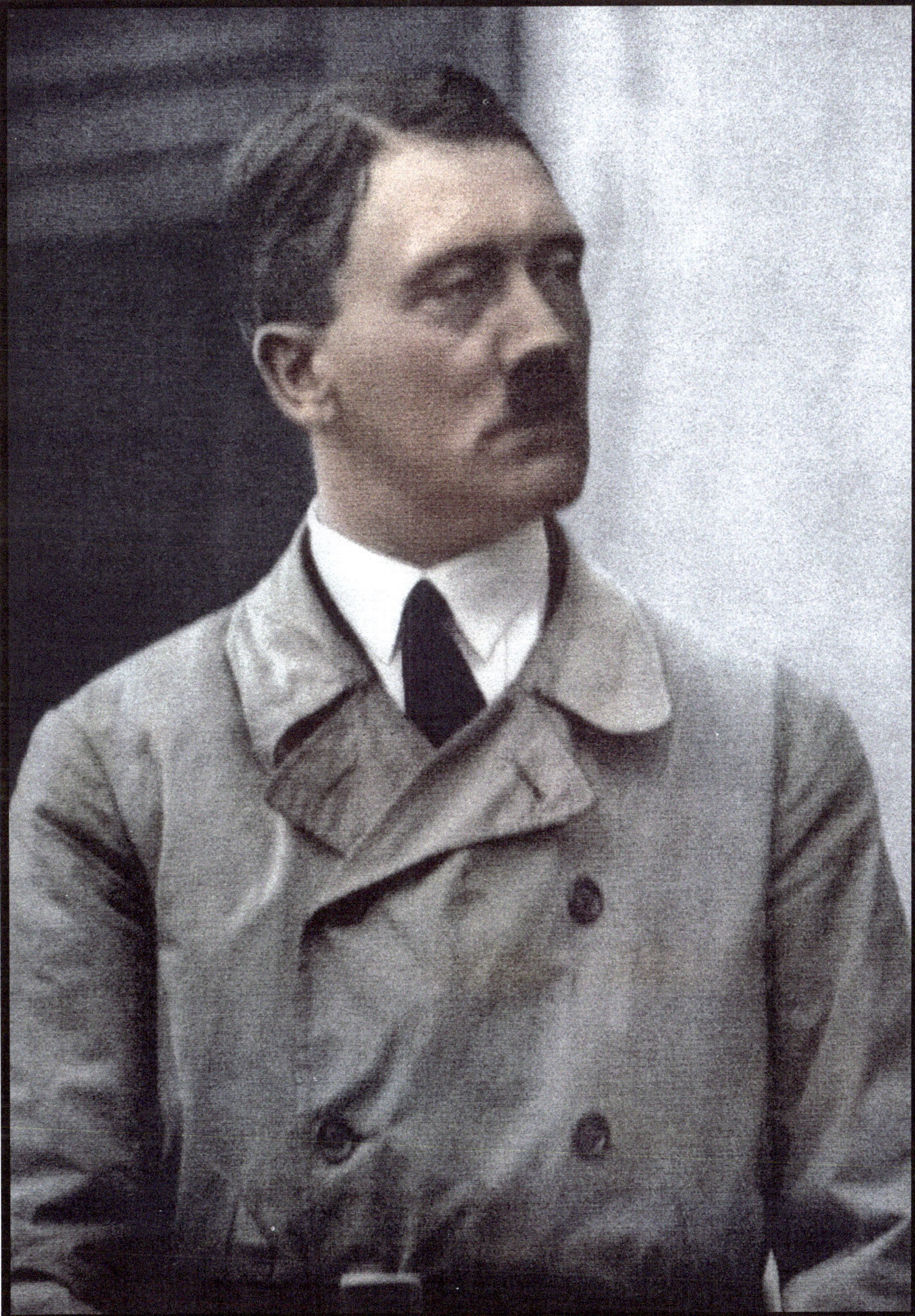

1928

Beharrlich und unbeirrbar führt Adolf Hitler die Partei trotz Redeverbot, Haß und Verleum=
dung den „legalen Weg" zum Erfolg. Es ift die Zeit der Reichstagswahl. 800 000 Menschen
bekennen sich nun zu ihm. Der Name Adolf Hitler ift zum Programm der Tapferen geworden.

1928

Adolf Hitler persistently and unswervingly leads the party the "legal way" to success, despite the ban on speaking, facing hatred and slander. It is the time of the Reichstag election, and 800,000 people are now committed to him. The name Adolf Hitler has become the programme of the brave.

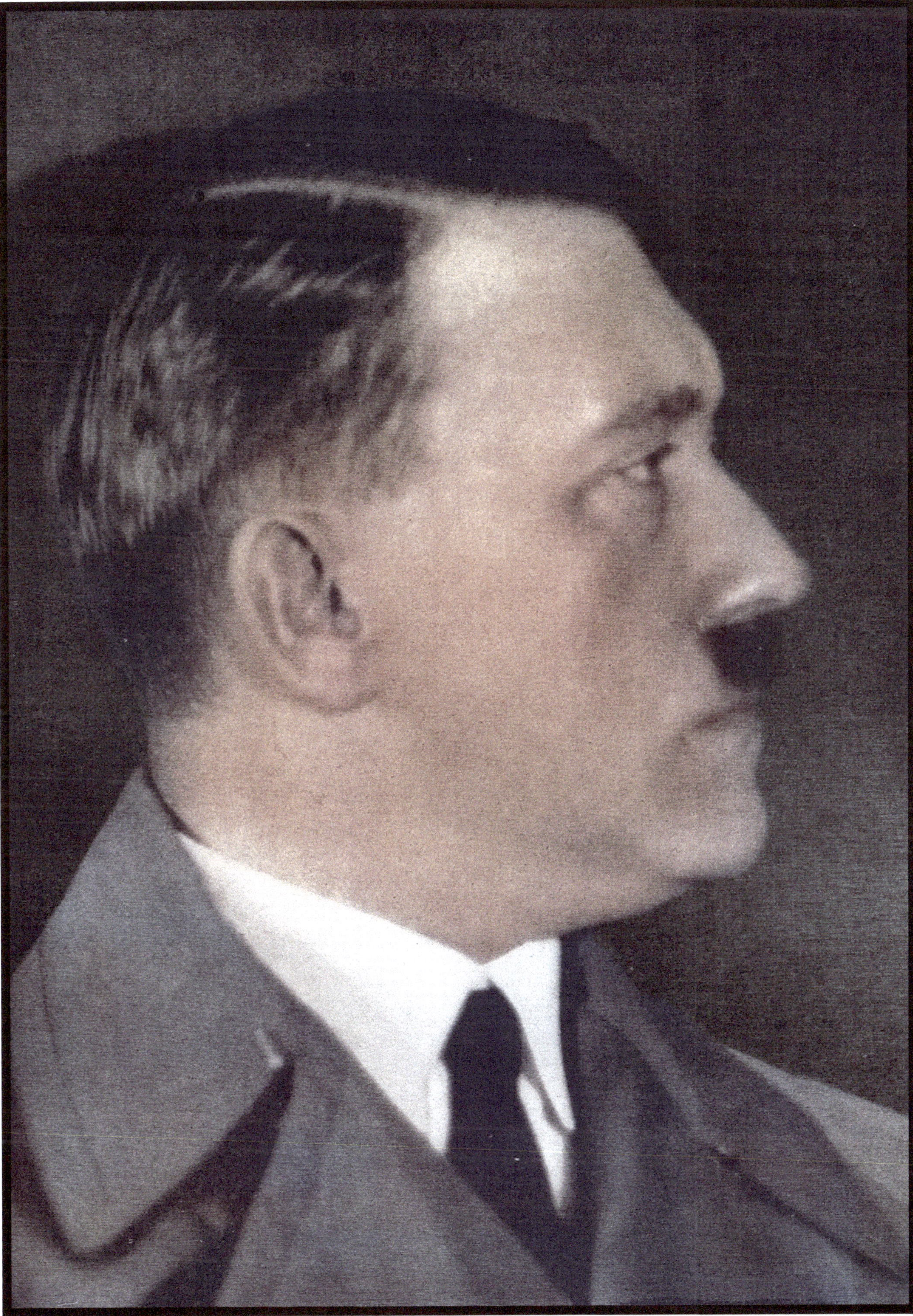

1929

Ruhelos ftürmt der Führer von Verfammlung zu Verfammlung. Sein Wort reißt Zagende vorwärts, macht Zweifelnde gläubig. Der Terror der Gegner wächft und mit ihm die Ver= folgung durch die Schergen eines ehrlofen Syftems. In übermenfchlicher Arbeit zwingt ein Wille das Schickfal. Deutfchland fteht auf!

1929

Ceaselessly the Führer rushes from meeting to meeting. His word brings the hesitant forward, makes the doubting believers. The terror of the enemy grows and with it the persecution by the minions of a dishonourable system. In superhuman work a will forces fate. Germany rises!

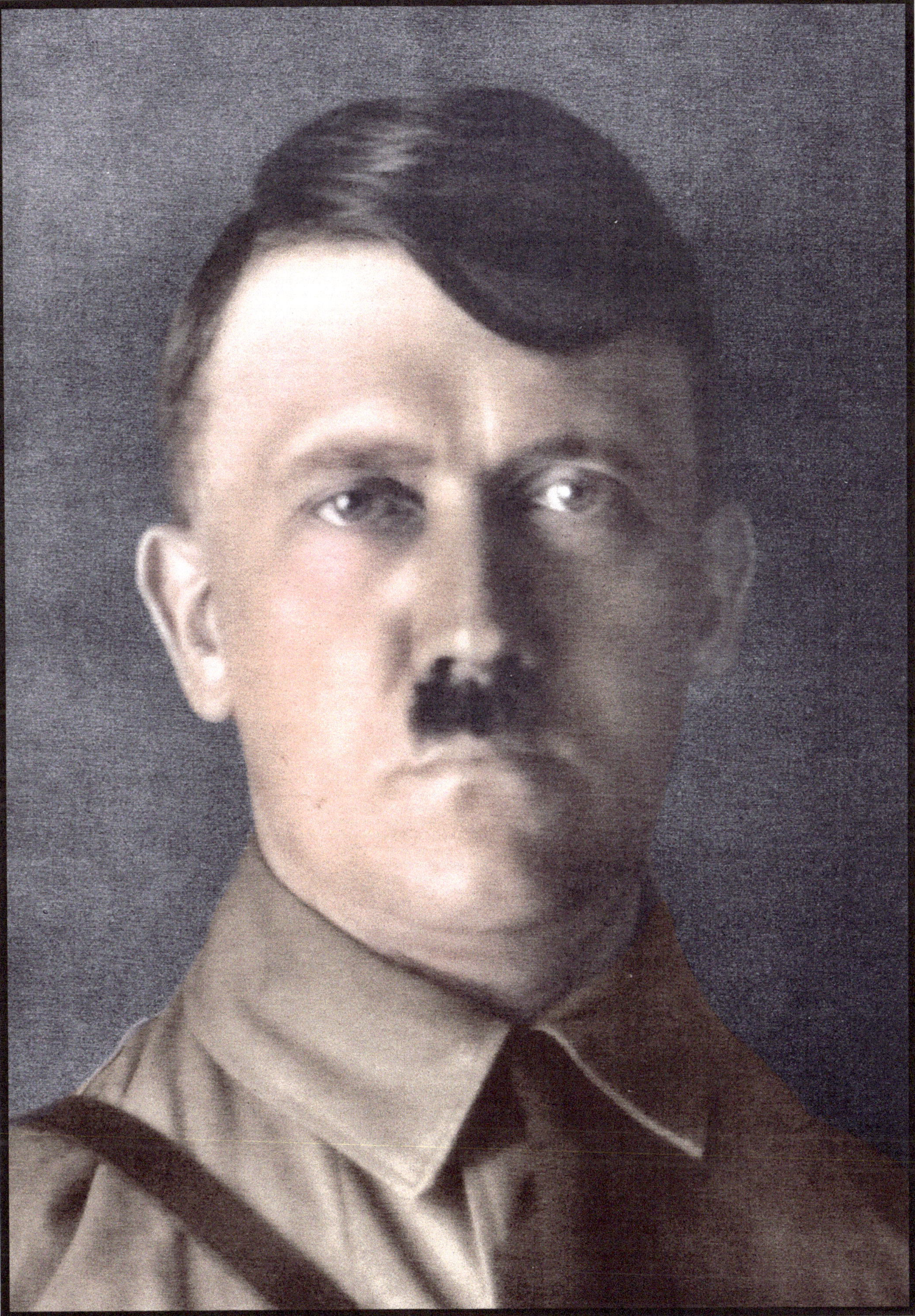

1932

Auf dem Wege zum Großdeutschen Reich: Einsame Stunden der einsamen Entscheidungen …

1932

On the way to the Greater German Reich: Lonely hours of lonely decisions.

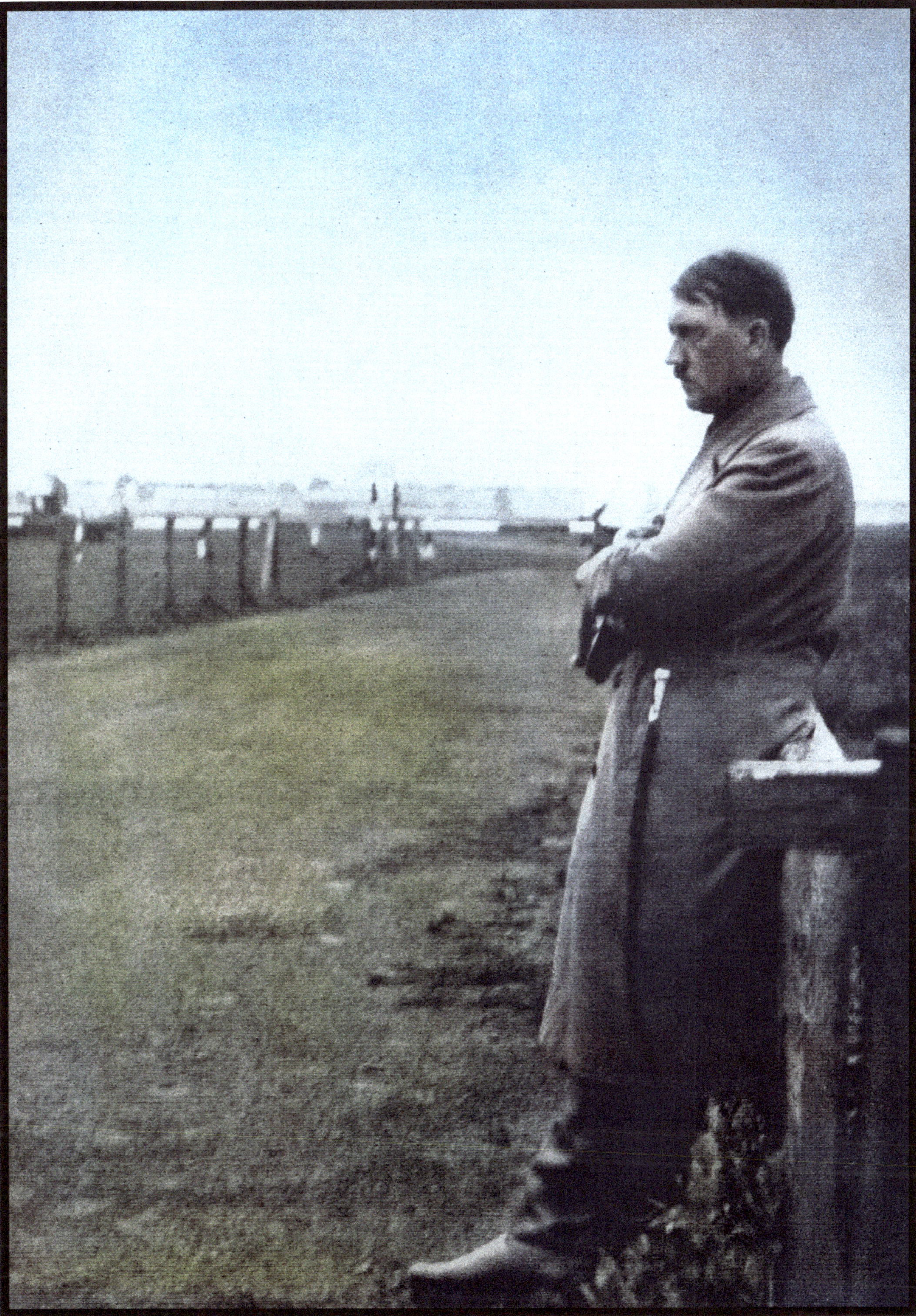

1933

In der Wende der Zeit: eine Stunde nach feiner Berufung als Reichskanzler . . .

1933

At the turn of the times: One hour after his appointment as Reich Chancellor.

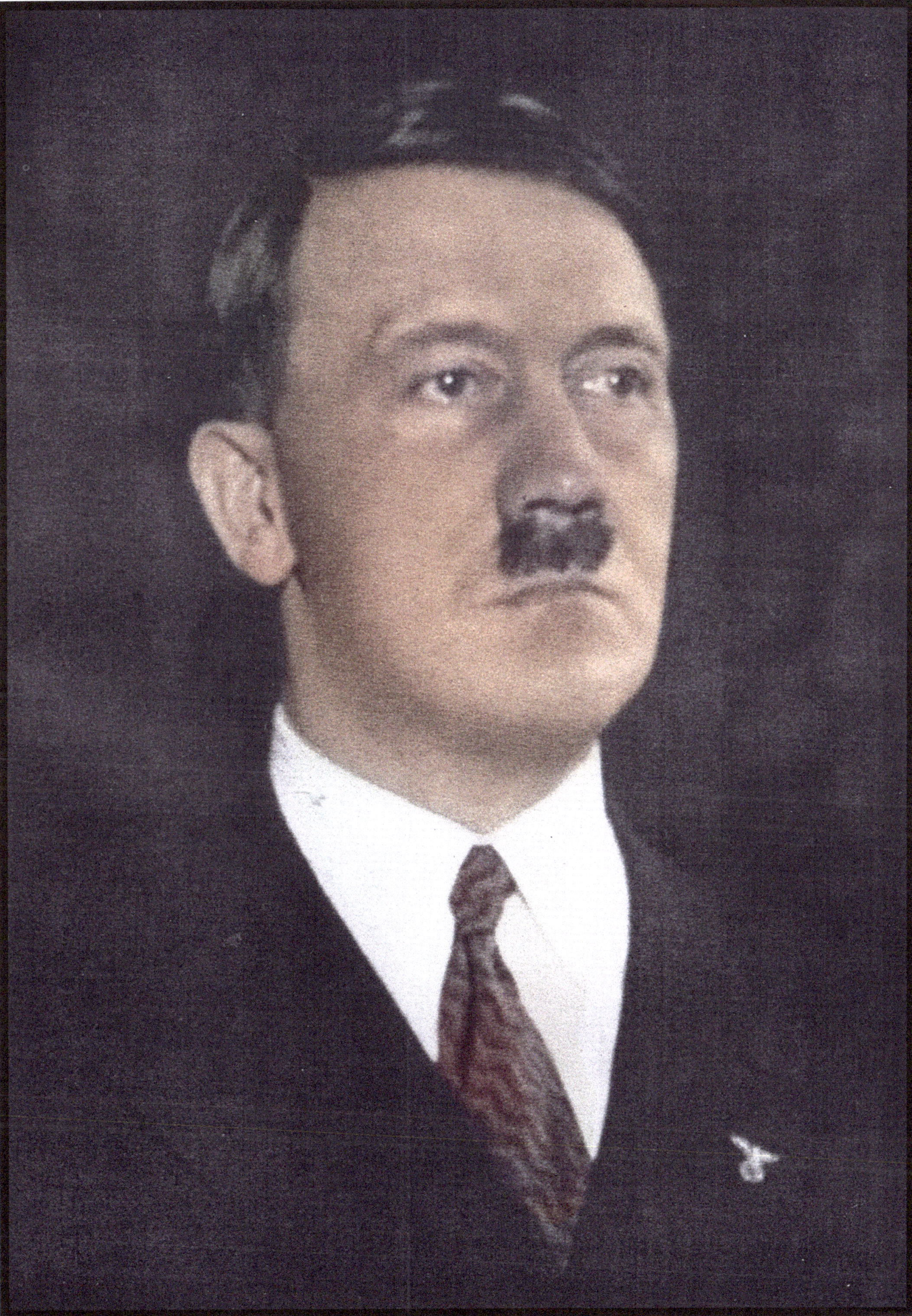

1934

Vor der Volksabftimmung des 19. Auguft, in der fich 90 vom Hundert der Nation zum
Führer bekannten, der nun – nach Paul v. Hindenburgs Tod – die gefamte Verantwortung
für das deutfche Volk trägt.

1934

Before the referendum on August 19, in which 90 percent of the nation voted for the
Führer, who - after Paul von Hindenburg's death - now bears overall responsibility for the
German people.

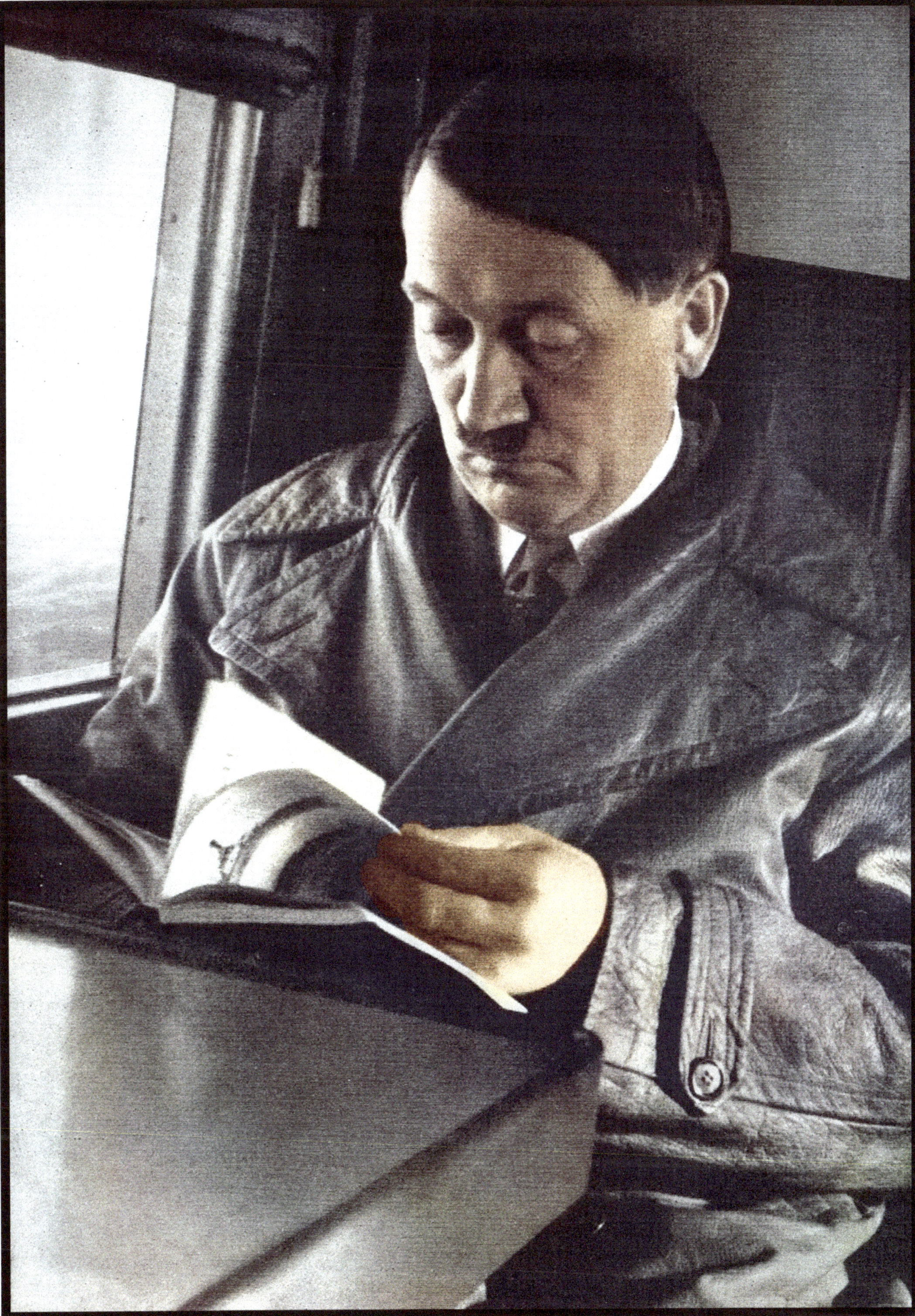

1934

„Selbſt die antiken Republiken mit ſtahlharter Staatsgeſinnung haben in Zeiten der Not zum Diktator gegriffen. Wenn Völkerleben auf dem Spiel ſtehen, dann taugen nicht Volks= vertretungen, nicht Parlamente und auch nicht Landtage, dann taugen nur Riefen!"

1934

Even the ancient republics with their staunch state sentiments have taken hold, in times of need, a Dictator. When the lives of the people are at stake, then the people's representations, not parliaments and state parliaments are no good, only actions are good!

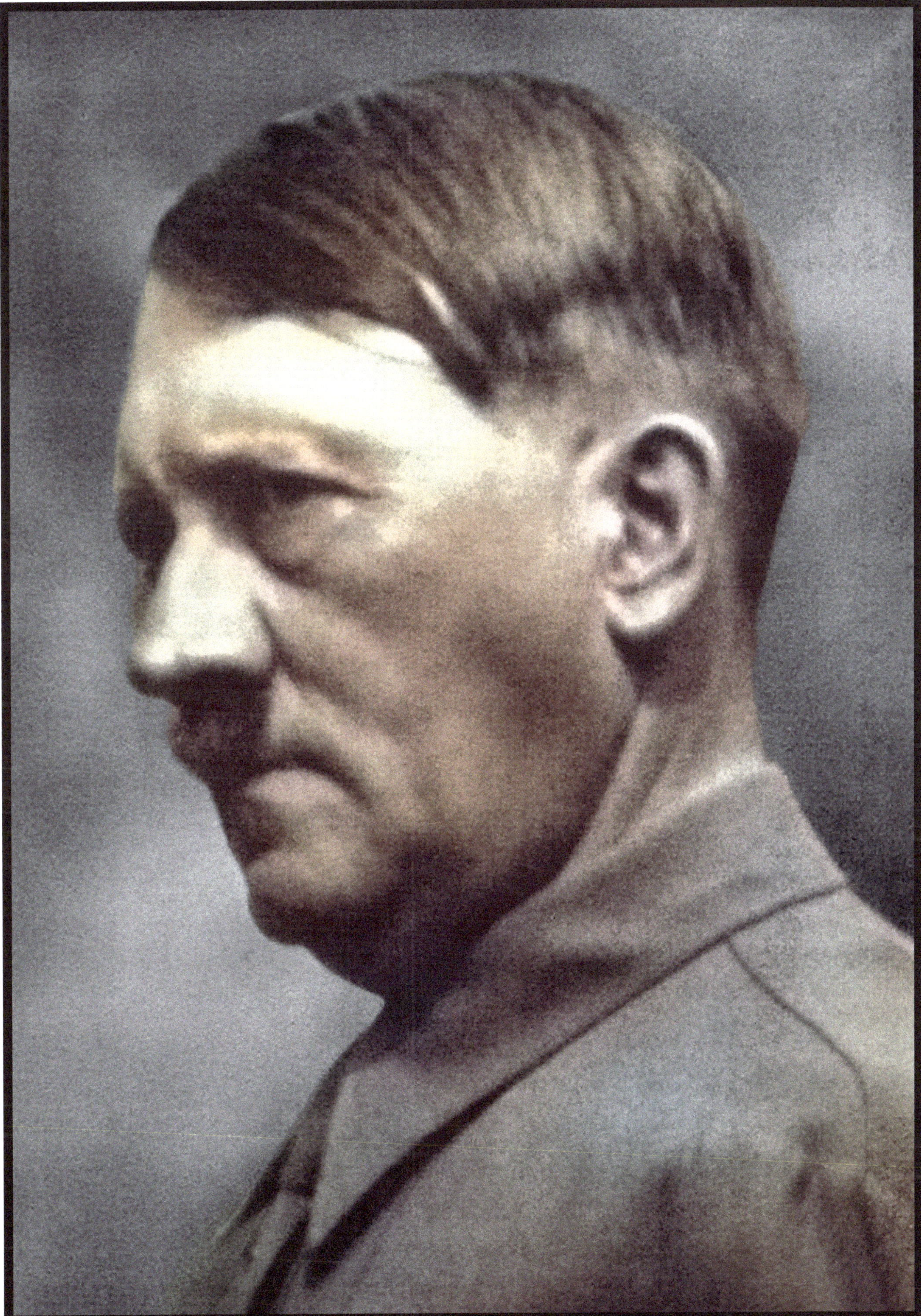

1935

„Euch weihe ich am heutigen Tage wieder neue Standarten, fie werden fich in die Reihen der
alten ftellen und Ihr werdet fie lieben und ehren, fo wie die treuen Kampfzeichen der Bewe=
gung in den langen Jahren unferes Ringens um Deutfchland. Und Ihr werdet fie vor Euch
hertragen und im nächften Jahr wieder hier aufftellen, auf daß die Nation fie fieht und weiß,
dies find die Zeichen, hinter denen Deutfchland marfchiert."

1935

Today I consecrate to you again new standards, they will join the ranks of the old ones
and you will love and honour them, just like the faithful battle marks of the Movement in
the long years of struggle for Germany. You will carry them before you and set them up
here again next year, so that the nation may see them and know that these are the signs
behind which Germany marches.

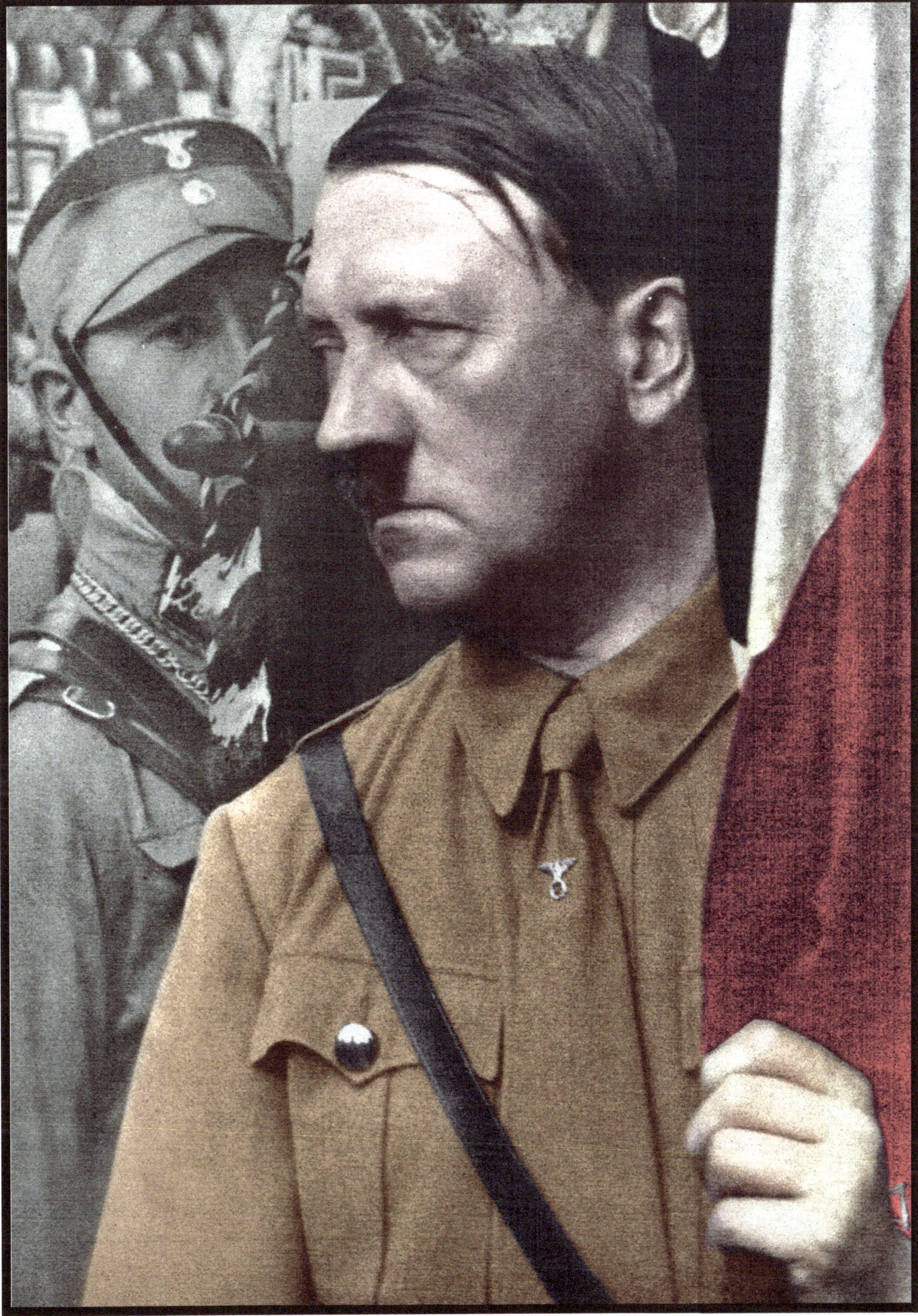

1936

„In diefen 3 Jahren hat Deutfchland wieder zurückerhalten feine Ehre, wiedergefunden feinen Glauben, überwunden feine größte wirtfchaftliche Not und endlich einen neuen kulturellen Aufftieg eingeleitet." Mit diefen Worten löft Adolf Hitler nach der Rheinlandbefreiung den Deutfchen Reichstag auf, bei deffen Wiederwahl 98,8% des deutfchen Volkes ihm ihre Stim= men geben. Mit eiferner Entfchloffenheit führt er fein Volk zur Macht.

1936

"In these 3 years, Germany has regained its honour, rediscovered its faith, overcome its greatest economic hardship and finally initiated a new cultural rise." With these words, Adolf Hitler, after the liberation of the Rhineland, dissolved the German Reichstag. 98.8% of the German people would vote for it when it was re-elected. With an iron determination he leads his people to power.

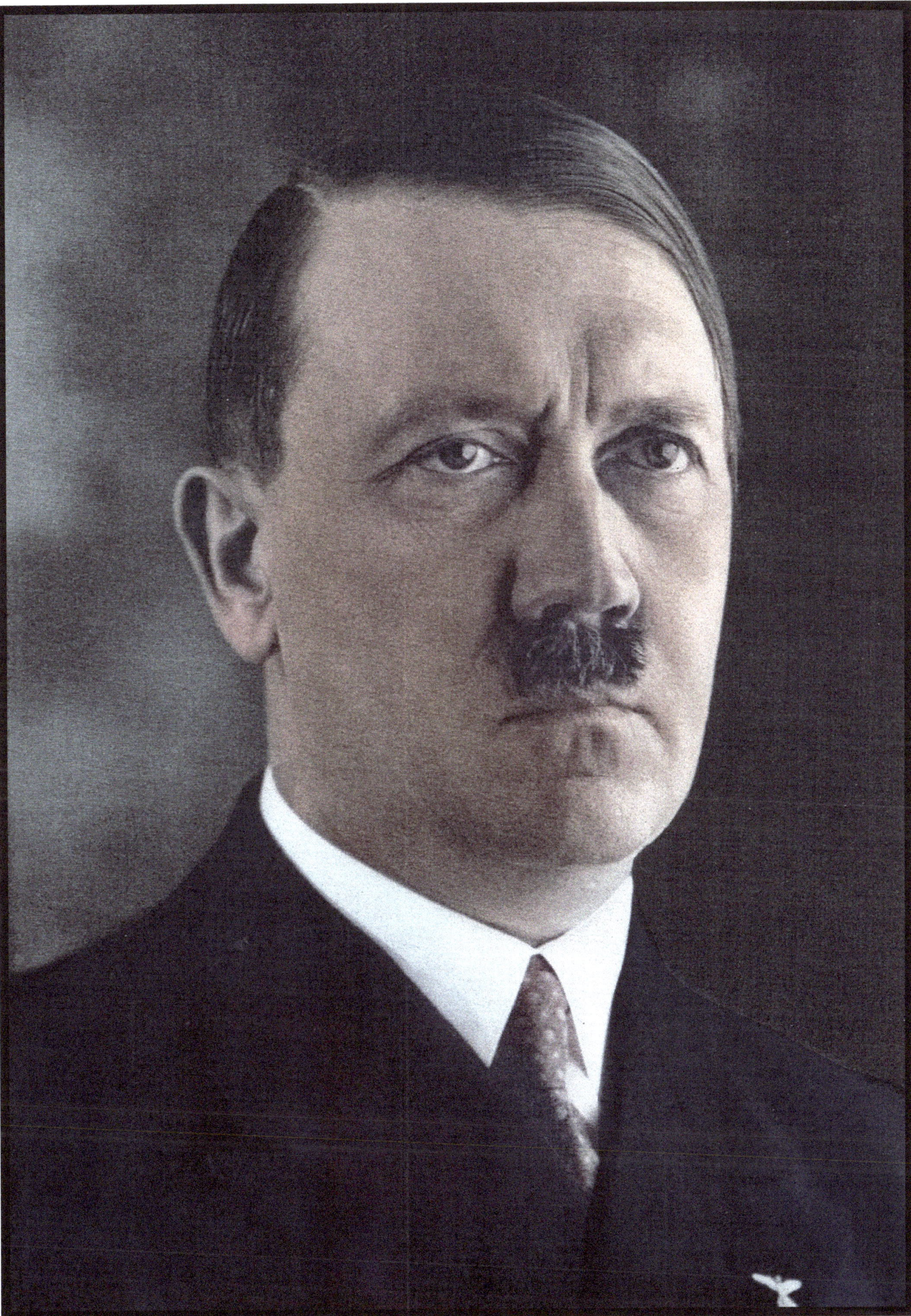

1937

„Ein Volk find wir, ein Reich wollen wir fein!"

1937

We are one people, we want to be one nation!

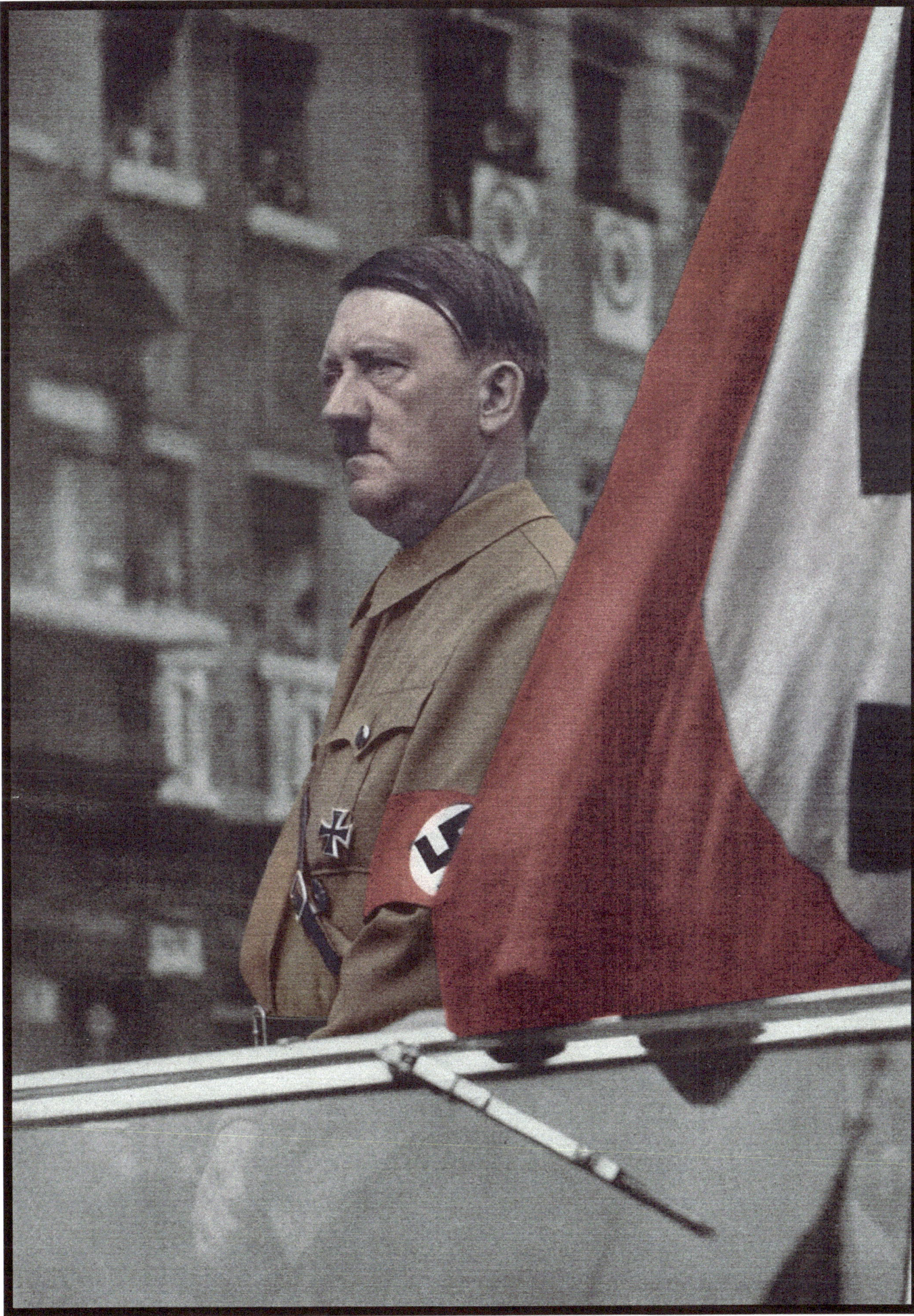

1938

Er holt die Heimat heim ins Reich! In der Nacht zwischen dem 12. und 13. März 1938 auf dem Balkon des Rathauses zu Linz an der Donau: ... „Wenn die Vorsehung mich einst aus dieser Stadt heraus zur Führung des Reiches berief, dann muß sie mir damit einen Auftrag erteilt haben, und es kann nur ein Auftrag gewesen sein, meine teure Heimat dem Deutschen Reich wiederzugeben. Ich habe an diesen Auftrag geglaubt, habe für ihn gelebt und gekämpft, und ich glaube, ich habe ihn jetzt erfüllt!"

1938

He brings his homeland home to the Reich ! In the night between 12 and 13 March 1938 on the balcony of the city hall of Linz on the Danube.... "If Providence once called me out of this city to lead the Reich, then it must have given me an order to do so, and it can only have been an order to return my dear homeland to the German Reich. I believed in this mission, lived and fought for it, and I believe I have fulfilled it now."

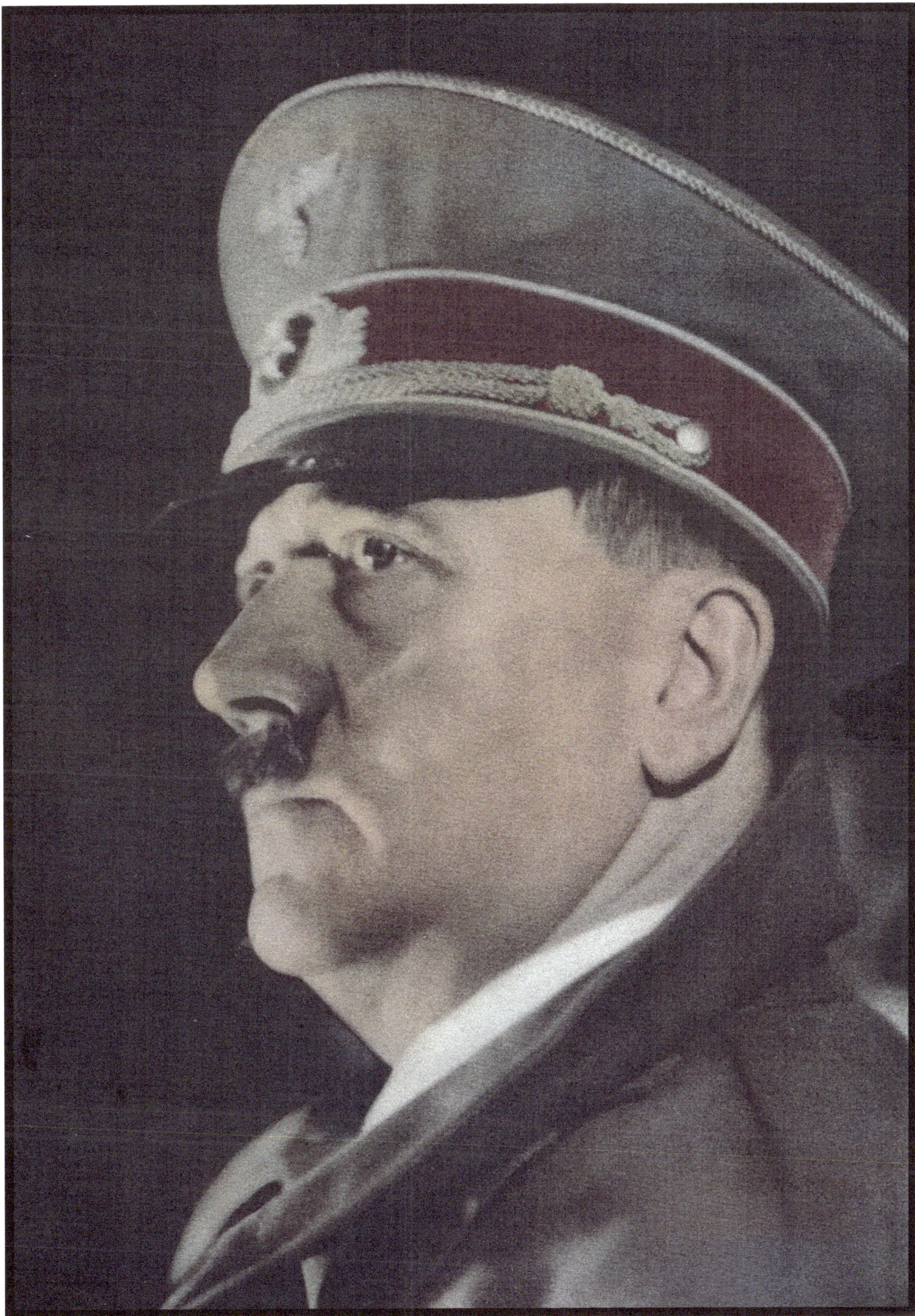

1938

Hier in Linz verlebte er einst seine Schulzeit, von hier zog er aus, und hierher ist er zurück=
gekehrt als Deutschlands größter und geliebtester Sohn . . .

1938

Here in Linz he once spent his school days, from here he returned as Germany's greatest
and most beloved son.

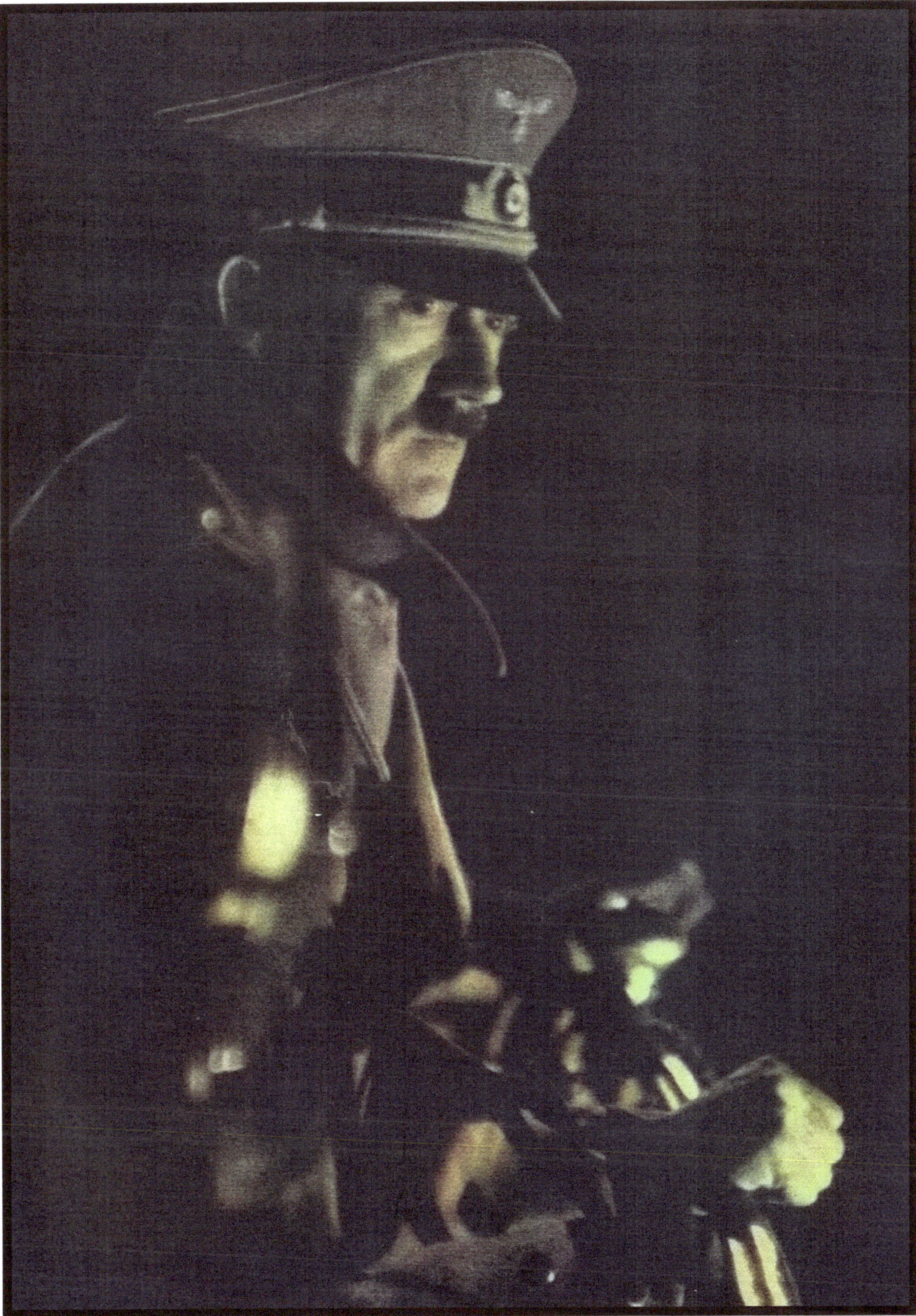

Der Führer am 30. Januar 1939 zum Deutfchen Reichstag:

„Denn in welchem Lager fie auch zu ihren Zeiten ftanden, die kühnen Herzoge und großen Könige, die Feldherren und gewaltigen Kaifer und um fie die erleuchteten Geifter und Heroen der Vergangenheit, fie alle waren nur die Werkzeuge der Vorfehung im Entftehungsprozeß einer Nation. Indem wir fie in diefem großen Reich in dankbarer Ehrfurcht umfangen, erfchließt fich uns der herrliche Reichtum deutfcher Gefchichte. Danken wir Gott dem Allmächtigen, daß er unfere Generation und uns gefegnet hat, diefe Zeit und diefe Stunde zu erleben."

The Führer on 30th January 1939 to the German Parliament

Small matter whose side they stood on in their day, all those daring dukes, great kings, formidable general, mighty emperors, and around them the inspired geniuses and heroes of the past served as instruments of Providence in the formative process of a nation. Insofar as we embrace this great Reich in grateful reverence, the wealth of German history reveals itself to us in all its splendour. Let us thank the Lord Almighty for bestowing on our generation the great blessing to be alive at this time and this hour.

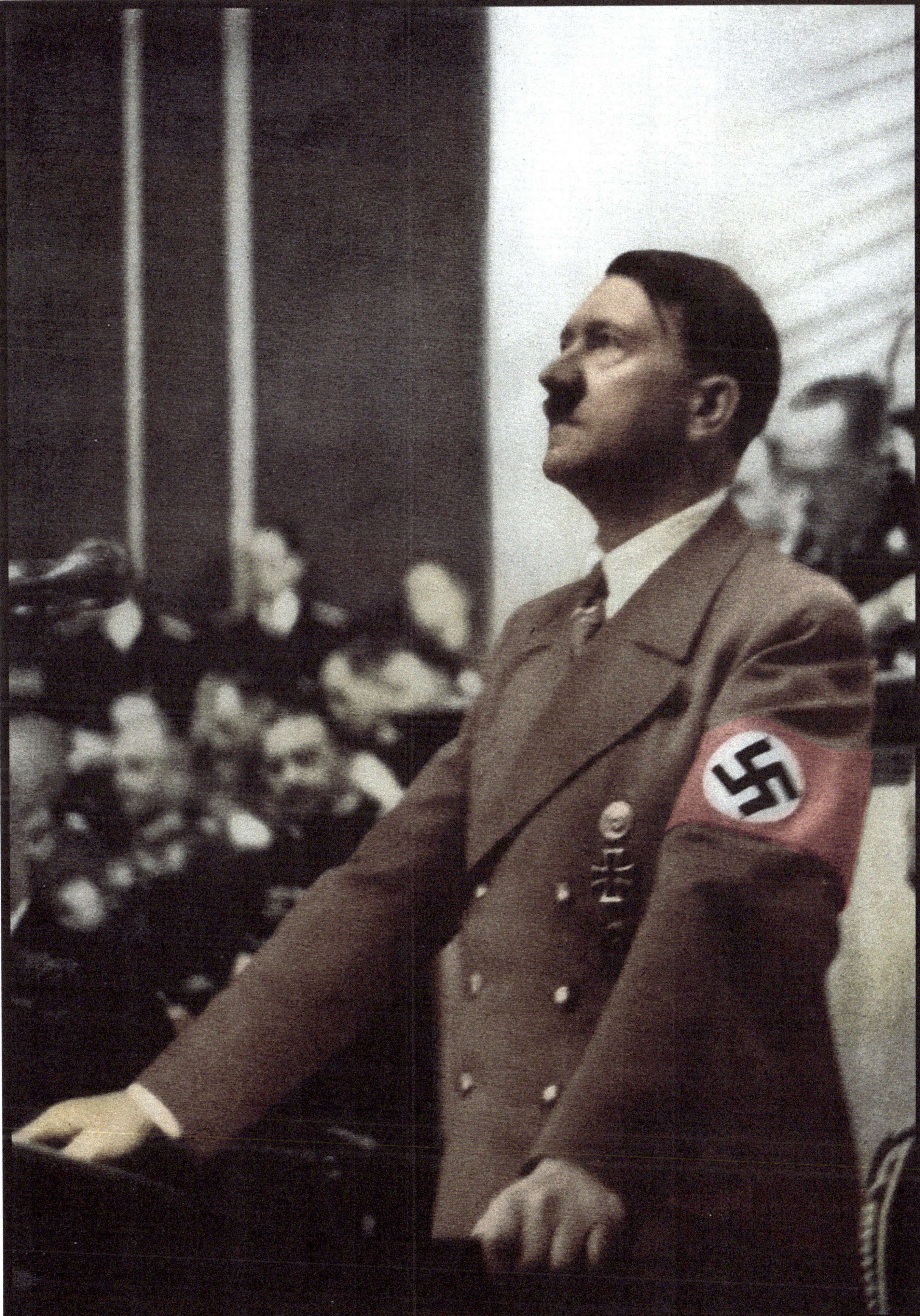

Unfere Weltmacht: Adolf Hitler!

Our World Power : Adolf Hitler

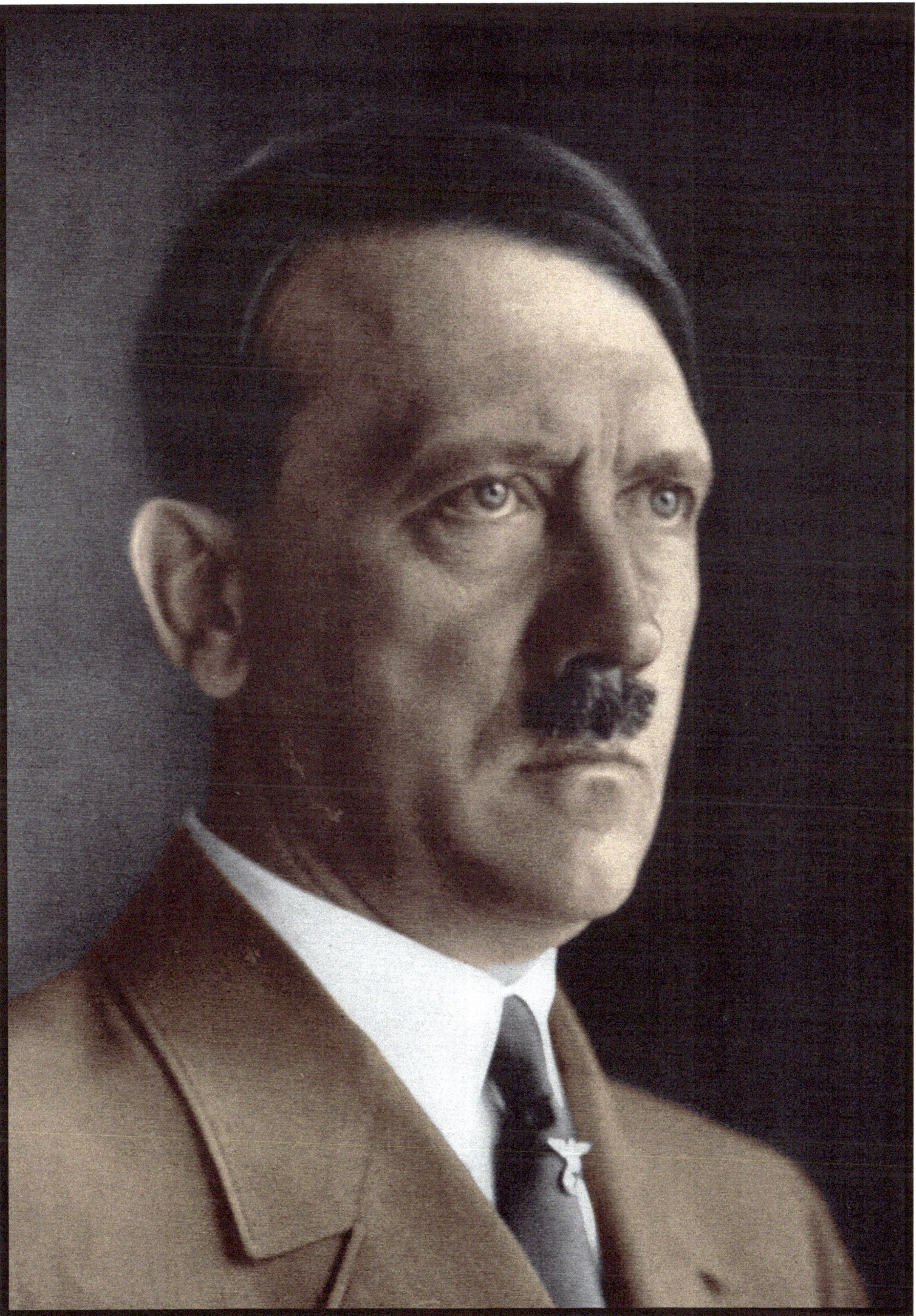